Jennifer Ellermann

Kommentierung von Livius, ab urbe condita, 22,54

GRIN Verlag

Bibliografische Information der Deutschen Nationalbibliothek:

Die Deutsche Bibliothek verzeichnet diese Publikation in der Deutschen Nationalbibliografie; detaillierte bibliografische Daten sind im Internet über http://dnb.d-nb.de/ abrufbar.

Impressum:

Druck und Bindung: Books on Demand GmbH, Norderstedt Germany
ISBN: 978-3-656-48312-0

Dieses Buch bei GRIN:

http://www.grin.com/de/e-book/165973/kommentierung-von-livius-ab-urbe-condita-22-54

Die im Folgenden kommentierte Textstelle 22,54 schließt sich an die Geschehnisse in Canusium an, dem Zufluchtsort einiger Soldaten, als nach der Niederlage der Römer bei Cannae im zweiten punischen Krieg beide Lager aufgegeben werden mussten (52,7). Dort kommt es zu einer Intervention des Publius Cornelius Scipio (Africanus) im Quartier des L. Caecilius Metellus, nachdem Letzterer aufgrund der nach der Niederlage scheinbar aussichtslosen Situation mit einigen Männern Italien verlassen wollte (53,5-13). Im Rahmen dieser Intervention leistet Scipio einen Eid, zu dem er darauf erfolgreich auch Metellus und alle anderen Soldaten auffordert.

Die Textstelle kann in drei Abschnitte gegliedert werden: Der Erste umfasst die Aufnahme der durch die Schlacht zersprengten Soldaten in Venusia nach dem exemplum der Apulierin Busa aus Canusium. Im Zweiten (4-6) wird die durch die Zersprengung des Heeres unklare Hierarchie wieder hergestellt sowie Armee und Kräfte gesammelt und konzentriert. Im dritten Abschnitt (7-11) erfolgt die (fehlerhafte) Meldung in Rom über die Verluste sowie die Beschreibung ihrer Auswirkung auf das Verhalten und die Gemütslage der Bevölkerung. Anschließend leitet Livius durch das Auftreten des auktorialen Erzählers zur Einordnung der Niederlage bei Cannae in den Gesamtkontext römischer Geschichte über.

Nach Trümpner wirke dieser Abschnitt aufgrund verschiedener Faktoren und Elemente wie ein Prooemium:[1] Zum einen wegen seiner Stellung als Ausgangspunkt der Beschreibungen zur Niederlagenbewältigung in Rom, zum anderen aufgrund des Hervortretens des auktorialen Erzählers in der Ich-Form sowie der Anrede des Lesers in der Du-Form. Zudem reiche sein Inhalt weit über den Rahmen des Zusammenhanges hinaus und stelle eine Raffung der Geschehnisse „zu einem Zeugnis über römische Größe schlechthin“[2] dar.

1 Eo tempore, quo[3]: Insg. sechs Mal bei Livius belegt (54,1;4,60,2;6,38,11 u.a.), der Anschluss mit dem cum temporale dagegen nur einmal (3,20,4), während dieser bei Cic. und Caes. die Regel darstellt (off. 2,19,65; Phil 2,4,16; Verr. II,2,98, civ. 3,16,1 u.a.); der Anschluss mit *quo* findet sich bei diesen Autoren meistens nur bei vorausgehender separativer Präposition (ex, ab) (fam. 6,13,2; Mur. 81; Gall. 4,18,4). **haec Canusi…agebantur**: Metellus' Meuterei und die anschlie-

[1] Vgl. Trümpner (1965) 30.
[2] Ebd.
[3] Als Grundlage der Stellenkommentierung dient die Oxford-Ausgabe: Walters/Conway ([4]1958).

ßende Intervention Scipios (53,4-13). Die Aufnahme der Soldaten in Canusium kann darin nicht eingeschlossen ein, da das exemplum Busas und die Nachricht darüber erst in Venusia eingetroffen sein mussten, damit sich deren Einwohner dies zum Vorbild für ihre eigene Gastfreundschaft nehmen konnten.

Venusiam: „Stadt in Apulien, heute Venosa“[4], ca. 50 km von Canusium, heute Canosa di Puglia, entfernt. Livius' formal unterschiedliche Verweise auf diese Stadt bzw. deren Einwohner (54,2: *Venusini*; 54,3: *populus Venusinus*) kann nach Catterall als „example[...] of variety in Livy's style“[5], und somit als Abkehr von der Ciceronischen Uniformität und Symmetrie angesehen werden.[6]

ad consulem: vgl. 49,14; gemeint ist der Konsul des Jahres 216, C. Terentius Varro, der im Gegensatz zu seinem Amtskollegen L. Aemilius Paul(l)us (vgl. 49,6-12) die Schlacht bei Cannae überlebte und mit 50 Reitern nach Venusia fliehen konnte. Namentlich wird er zuletzt in 45,8 (unmittelbar vor der Schlacht) danach erst wieder in 54,6 genannt, als er seine neu versammelten Truppen nach Canusium bringt.[7] Dazwischen, also im Kontext der dramatischen Schlacht und Niederlage, wird auf ihn - wie an dieser Stelle - nur in Hinblick auf sein Amt verwiesen: *collegae* (49,11), *consul alter* (49,14), *fugientem consulem* (50,3), *alterum consulem* (54,5). Dies könnte die Einschätzung Burcks unterstützen, wonach Livius die Hauptschuld für die Niederlage von Cannae in der Tatsache gesehen habe, dass Varro überhaupt das Konsulat antreten konnte.[8]

Quattuor milia et quingenti pedites equitesque: Diese Zahl an Überlebenden sowie die bereits in 52,4 erwähnten 4200 übergeht Livius in seinem Vergleich der Niederlagen an der Allia und bei Cannae in 50,3.[9] So erwähnt er lediglich die 50 Überlebenden, die sich Varros Flucht nach Venusia anschließen konnten.[10] Dadurch kann Livius zweierlei Wirkung erzielen: Zum einen erweckt er den Anschein, dass es sich bei dieser Zahl um die einzigen Überlebenden handle, wodurch die Niederlage bei Cannae umso dramatischer erscheint. Zum anderen konstatiert diese Zahl den numerischen Tiefpunkt des römischen Heeres und somit

---

[4] Blank-Sangmeister (2000) 222.
[5] Catterall (1938) 292.
[6] Catterall betont, dass gelegentliche Variationen bei allen Autoren zu finden seien. An dieser Stelle erscheint die Variation allerdings aufgrund der raschen Aufeinanderfolge (dreimal innerhalb von zwei Sätzen) auffällig, zumal nach Catterall bei Livius „the repetition of the same word after a short interval [...] much more common“ sei (ebd. 297).
[7] Vgl. Trümpner (1965) 29.
[8] Vgl. Burck (^{2}1962) 84.
[9] Vgl. Finken (1965) 51.
[10] Livius Feststellung, dass *prope totus exercitus* (50,3) dem sterbenden Konsul Paul(l)us in den Tod gefolgt sei, erscheint im Vergleich der Truppenstärke vor der Schlacht von 50 000 (46,6) und der über 10 000 Überlebenden etwas übertrieben.

zugleich den Ausgangspunkt für dessen Wiedererstarken, welches Livius im Folgenden sukzessive durch immer größere Zahlen an Überlebenden suggeriert: *vix quinquaginta* (50,3) - *ad sescenti* (50,11) – *ad quattuor milia...et ducenti* (52,4) - *ad quattuor milia et quingenti* (54,1) – *ad decem milia* (54,5) und schließlich *iam aliqua species consularis exercitus* (54,6). Bei einem objektiven Vergleich der beiden Schlachten aus der Warte eines auktorialen Erzählers mit der Absicht, sie innerhalb des Gesamtkontextes römischer Geschichte zu verorten, hätte er diese Zahl an Überlebenden berücksichtigen müssen.

sparsi fuga per agros fuerant:

> Da sie das Schlachtfeld verlassen haben, sind diese Flüchtenden eidbrüchig geworden (vgl. Liv. 22,38,2-4). Der Senat wird sie später der sizilischen Armee eingliedern. Dort müssen sie ohne Sold ihren Dienst versehen, bis der Feind italischen Boden verlassen hat (vgl. Liv. 25,5,11). Nur die Soldaten, die bei ihrem Heerführer geblieben waren, werden von diesen Sanktionen ausgenommen.[11]

Livius setzt *fuerant* statt *erant* um die Betonung von dem Prozess auf den Zustand der Soldaten zu verlegen, die Versprengte waren, in Abgrenzung zu denjenigen, die aus den Lagern nach Canusium oder zusammen mit Varro nach Venusia geflohen waren. **pervenere**: Nebenform zu *pervenerunt*, s. 3,6,7; 8,13,4; 21,35,5 u.a.; bei Cic. kein Kompositum von venire in dieser Nebenform belegt, bei Caes. *circumvenere*: Gall. 25,6,11; nach McDonald ein Indiz für Livius' „'Silver' Latin [...] with free use of poetic expression[12]"[13].Wechsel zurück ins lat. Erzähltempus Perfekt, nachdem Livius bei der Eidabnahme durch Scipio unmittelbar zuvor das dramatische Präsens verwendet hat (53,13: iurant...tradunt).

2 Eos omnes: anstatt rel. Satzanschluss (9,42,9; 39,27,8; 40,42,5); ebenso *ii omnes*: 9,42,7; 29,21,3; *quos omnes* als rel. Satzanschluss nur einmal belegt: 34,16,5, *quibus omnibus* zweimal: 34,3,1; 37,55,4. **per familias:** *invitati hospitaliter per domos* (1,9,9); *custodibus divisis per domos* (25,31,8);[14] zur Variation von Abl. instr. und per + Akk vgl. Catterall (1938) 305f.

Eos...benigne accipiendos: Parallelismus zur Aufnahme der Flüchtigen in Canusium: *eos...moenibus tantum tectisque a Canusinis acceptos* (52,7). Abgesehen von Busa duldeten die Canusiner die Flüchtlinge nur, während sie in Venusia herzlich aufgenommen wurden, jedoch nicht aus Nächstenliebe, sondern um sich von Busa nicht übertrumpfen zu lassen (54,3). Dass die Bundesgenossen – in welcher Ausprägung letztlich auch immer – im Fall dieser Niederlage Rom die Treue

---

[11] Blank-Sangmeister (2000) 208.
[12] "words that appear earlier only in the poets e.g. [...]' -ere ' for ' -erunt '" (McDonald [1957] 167).
[13] Ebd.
[14] Vgl. Weissenborn ([9]1905) 122.

halten und dessen Bestand retten würden, sieht Burck bereits in der Rede des Fabius antizipiert:[15] *omnia circa plena civium ac sociorum sunt; armis, viris, equis, commeatibus iuvant iuvabuntque* (39,11), im Gegensatz zum Ende des Buches jedoch: *fides sociorum, quae ad eam diem firma steterat, tum labare coepit* (61,10).

in singulos equites…pediti: vgl. 35,40,5; 33,37,11: *in singulos pedites… equiti*; 45,34,4: *in equitem…peditibus.*[16] **togas et tunicas**: „auch [in] „29,3,5. 36,3; 44,16,4 findet sich der Gebrauch der Toga im Felde erwähnt; doch wurde diese wahrscheinlich nur in den Garnisonen und Winterquartieren und auch nur von Offizieren und Rittern getragen.“[17] **quadrigatos nummos**: römisch-kampanische Silbermünze mit einem Viergespann als Prägung (*quadriga*);[18] s. 52,2; 58,4; Paul. Fest. 98,3; subst. *quadrigati* Plin. nat. 33,46.

quinos vicenos: „ohne *et* dazwischen“[19], s. 41,7,3; 37,59,6, viermal *viceni quini*: 32,26,14; 36,40, 13; 39,5,17; 7,5. „[S]onst beträgt der Sold der Ritter (täglich 1 Denar) das Dreifache (*triplex*) von dem der Fußsoldaten [vgl. 33,37,11; 34,52,11; 36,14,13 u.a.]; hier ist zu beachten, dass die ersten auch Kleider erhalten.“[20]

3 ceteraque: vgl. 9.6.7:[21] *consulibus fasces, lictores, arma, equos, uestimenta, commeatus militibus benigne mittunt.* **publice ac privatim**: in dieser Junktur insg. dreimal belegt: 30,13,8; 42,41,4; *publice privatimque* siebenmal: 1,39,3; 45,2 u.a. nach Weissenborn fügt *ac* „das Bedeutendere und Allgemeinere hinzu“[22], weshalb die Betonung auf *privatim* und somit auf den Leistungen jedes Einzelnen liegt.

muliere Canusina: die bereits erwähnte freigiebige Apulierin Busa aus Canusium (52,7). Kowalewski reiht sie als „exemplum munificentiae“ in die Riege der Frauen ein, die sich im zweiten punischen Krieg um Rom verdient gemacht haben, wie auch Vestia Oppia und Pacula Cluvia[23], die dem römischen Volk bei der Belagerung ihrer Heimatstadt Capua durch tägliche religiöse Opferungen (exemplum benevolentiae) und heimliche Lebensmitteltransfers Dienste erwiesen haben

---

[15] Vgl. Burck (^{2}1962) 93.

[16] vgl. Weissenborn (^{9}1905) 122.

[17] vgl. ebd.

[18] vgl. Georges-LDHW Bd.2, 2116 s.v. quadrigatus.

[19] Weissenborn (^{9}1905) 122.

[20] Ebd. 123.

[21] Vgl. ebd.

[22] Ebd. 124.

[23] Gesellschaftlich waren die beiden Frauen jedoch völlig unterschiedlich gestellt: So war Vestia Oppia die Witwe eines Oppius (mater familiae), Pacula Cluvia hingegen eine ehemalige Prostituierte (meretrix) (vgl. Kowalewski [2002] 305).

(26,33,8-34,2).[24] Auch sie wurden wie Busa für ihre Romtreue später ausgezeichnet und belohnt. McClain hingegen betrachtet das Verhalten Busas nicht als exemplum, sondern interpretiert es auf der Basis von Rollenerwartungen als „an extension of the nurturing that is expected and approved in a woman of wealth and good family“[25]. **Canusina...Venusinus**: Livius bevorzugt attributive Adjektive statt partitiver Genitive, besonders bei der Bezeichnung von Kriegen vgl. 52,7; 21,6; 23,1; 4,37,4.

a muliere Canusina...vinceretur. Sed...onus Busae: Der Erzähler wendet seinen Blick zurück nach Canusium, übergeleitet durch die Erwähnung von Busa.

5 et iam: Die Oxford-Ausgabe setzt das Semikolon vor *et iam* und zieht die folgende Aussage somit in den nächsten Satz über die Botensendung des Scipio und Appius hinein. Sinnvoller erscheint jedoch die Variante Weissenborns, der in dem Anstieg der Flüchtlingszahl eine Begründung für die drückender gewordene Last für Busa sieht (*et iam*: ‚und zwar‘).[26] **ad decem milia**: Die Zahl der nach Canusium Geflüchteten muss sich seit 50,11 (*ad sescenti...alio magno agmine adiuncto*) und 52,4 (*ad quattuor milia hominum et ducenti equites*) inzwischen in etwa verdoppelt haben. Nach Kowalewski klinge aufgrund dieser gewaltigen Zahl, die kaum von einer einzigen wohlhabenden Frau bewältigt werden könnte, „leiser Zweifel an der Glaubwürdigkeit des Geschehens an“[27].

Appiusque et Scipio: Die Militärtribunen Appius Claudius Pulcher und Publius Cornelius Scipio (Africanus) sind zu diesem Zeitpunkt die Inhaber des Oberbefehls (vgl. 53,2). In 53,6 wird Scipio als *fatalis dux huiusce belli* bezeichnet, was seinen späteren Sieg über Hannibal bei Zama antizipiert.

nuntium...mittunt, quantae...essent: ‚einen Boten schicken, um ihn mitteilen zu lassen‘[28], vgl. 8,23,1; 34,29,9. Appius und Scipio „ordnen sich also ohne Zögern dem geschlagenen und geflohenen Konsul unter: Ordnung und Disziplin kehren in steigendem Maße wieder“[29]. **mittunt...sciscitatumque**: Vor der folgenden Doppelfrage ergänzt Livius das Supinum I.[30]

---

[24] Vgl. ebd. 305f.
[25] McClain (1994) 134.
[26] Vgl. Weissenborn ([9]1905) 123.
[27] Kowalewski (2002) 307.
[28] Vgl. Georges-LDHW Bd.2, 952 s.v. mitto: „mittere […] auch oft bl. schicken, m. folg. oratio obliqua im Acc. u. Infin., im Finalsatz m. ut u. Konj. od. m. bl. Conjunctiv im Fragesatz“.
[29] Trümpner (1965) 29.
[30] Vgl. Georges-LDHW Bd.2, 952 s.v. mitto.

6 Varro...traduxit: Durch Varros Handeln wird die Zeit der Flucht beendet.[31] Jedoch entscheidet er sich für keine der beiden von Appius und Scipio eröffneten Alternativen, sondern für eine weitere Option, den Umzug seiner Truppen nach Canusium. Das erscheint aus zweierlei Hinsicht eine falsche Entscheidung zu sein: Zum einen liegt Canusium weitere ca. 50km von Rom entfernt, wodurch eine baldige Rückkehr nach Rom hinausgezögert wird, zum anderen wird in 54,4 deutlich, dass die Anzahl der Flüchtigen die Kapazitäten Canusiums (zumindest in Hinblick auf die Möglichkeiten Busas) bereits übersteigt.

species consularis exercitus: ein konsularisches Heer bestand in der Regel aus zwei Legionen, also zwischen 7200 und 9600 Mann[32].[33] Dass es nur den Anschein eines konsularischen Heeres erweckte, liegt an der Tatsache, dass die Männer nicht zusammengehörten und nicht nach Truppenverbänden geordnet waren (vgl. 56,2), was für ein konsularisches Heer allerdings erforderlich wäre.

moenisbusque se...defensuri: vgl. 60,23: *dies noctesque aliquot obsessi vallum armis, se ipsi tutati vallo sunt.* Zur Junktur vgl. 8,29,11; 41,18,1: *armis se defensuri*; 28,15,11: *munimento sese...defensuri.*

7 Romam: „Schrittweise hat [...] (der Erzähler) den Leser vom Schlachtfeld weggeführt zu den Lagern, nach Canusium, nach Venusia und jetzt nach Rom“.[34]

occidione occisum: Als Junktur achtmal bei Livius belegt: 2,51,9; 4,58,9 u.a.; zweimal bei anderen Autoren: Gell.noct.Att. 5,17,2; Cic.fam.15,4,7.

allatum fuerat: Die folgenden Geschehnisse liegen also zunächst zeitlich vor den in 54,1-6 geschilderten.

8 salva urbe: Anspielung auf die Einnahme Roms durch die Gallier (5,39). In 50,1 wird die Schlacht an der Allia bereits als Vergleich für die Schlacht bei Cannae herangezogen: *nobilitae par, ceterum...levior, ...strage exercitus gravior foediorque.* **pavoris tumultusque:** s. 1,59,6; 21,14,2; 48,3 u.a.

succumbam...narrare: Kommentar des Erzählers. Nach Weissenborn verweile Livius sonst gerne bei Schilderungen über die Auswirkungen von Schlachten in Rom.[35] Aus zweierlei Gründen hat Livius das an dieser Stelle wahrscheinlich vermieden: Zum einen hat er bereits in Kap. 7 nach der Schlacht am Trasimenischen See die Folgen einer Niederlage eindringlich dargestellt, weshalb eine erneute Be-

---

[31] Vgl. Trümpner (1965) 29.
[32] 1 Legion à 30 Manipel à 2 Zenturien à 60-80 Mann.
[33] Vgl. Weissenborn ([9]1905) 123.
[34] Trümpner (1965) 29.
[35] Vgl. Weissenborn ([9]1905) 123.

schreibung an dieser Stelle eine zu zeitnahe Wiederholung darstellen würde. Zum anderen erreicht Livius gerade oder sogar nur noch durch diese Aposiopese und die Erwähnung seiner (vermeintlichen) deskriptiven Unzulänglichkeit in diesem Fall eine Steigerung. **quae edissertando minora vero faciam**: im Gegensatz zu *ego praeterquam quod nihil auctum ex vano velim* (7,4). Die Niederlage von Cannae will Livius also nicht kleinreden, jene am Trasimenischen See nicht aufbauschen. **edissertando:** „nach den Komikern zuerst von Liv., aber nur an u. St., wieder gebraucht; sonst sagt er, wie Cicero, edissere.“[36]

9 volnus super volnus: „Schlappe, Schlag = empfindlicher Verlust, Niederlage“[37]; hier: ‚eine weitere Niederlage’. **duobus consulibus duo consulares exercitus amissi**: Wiederholung von *duo consul** zur Verdeutlichung der Meldung einer *multiplex clades*, nach der es sich hierbei nicht einfach um eine weitere, gleichartige Niederlage nach der Schlacht am Trasimenus handle, sondern um ein „vielfach größeres Unglück“[38]. Deutlich wird der Unterschied auch dadurch, dass Livius bei der Beschreibung der Schlacht am Trasimenus im abl. abs. in diesem Satz *consule* und *exercitu* als Einheit ansieht und somit das PPP im Singular setzt (*amisso*), während er bei der Schlacht von Cannae zwischen Konsuln und Heeren differenziert, indem er nur die *exercitus* als Subjekt setzt, die Konsuln hingegen durch ein cum + Abl. ergänzt. Interessant ist zudem, dass Livius bei seinem Ausdruck des Verlustes von Konsuln und Heeren bei Cannae fast exakt die doppelte Buchstabenzahl verwendet, wie im Fall der Schlacht am Trasimenus (47 zu 24), was dem *duo* und dessen Wiederholung graphisch entspricht.

10 Nulla…non obruta esset: Litotes, durch den Livius das Wiedererstarken Roms antizipiert. „In diesem Wort liegt der ganze Stolz des Römers Livius, der hier nicht nur an den Endsieg in diesem Kriege denkt, sondern an die Einmaligkeit und die Sendung Roms.“[39]

11 Compares: Potentialer Konjunktiv. Der Leser wird durch eine direkte Ansprache des auktorialen Erzähler motiviert, die Niederlage der Römer bei Cannae mit jener der Karthager in den Entscheidungsschlachten der ersten beiden punischen Kriege zu vergleichen, also bei den Aegatischen Inseln und bei Zama.

Nulla ex parte comparandae sunt: vgl. 9,37,6. Der vorangegangenen indirekten Aufforderung zum Vergleich folgt unmittelbar und asyndetisch ihr Widerruf.

---

[36] Weissenborn ([9]1905) 123.
[37] Georges-LDHW Bd.2, 3562 s.v. vulnus.
[38] Weissenborn ([9]1905) 124.
[39] Trümpner (1965) 30.

Bibliographie:

a. Textausgaben und Kommentare

Blank-Sangmeister (2000) — Titus Livius: *Ab urbe condita*, liber XXII / Römische Geschichte, 22. Buch. Lateinisch/ deutsch, übersetzt und herausgegeben von Ursula Blank-Sangmeister, Stuttgart 2000.

Walters/Conway ([4]1958) — Titi Livi *Ab urbe condita* libri XXI-XXV (Tomus III), recognoverunt et adnotatione critica instruxerunt C.F. Walters & R.S. Conway, Oxford [4]1958.

Weissenborn ([9]1905) — T. Livi *Ab urbe condita* libri, erklärt von Wilhelm Weissenborn, neu bearbeitet von H.J. Müller, Band 4,2: Buch XXII, Berlin [9]1905.

b. Weitere Forschungsliteratur

Burck ([2]1962) — Burck, Erich: Einführung in die dritte Dekade des Livius, Heidelberg [2]1962.

Catterall (1938) — Catterall, John L.: Variety and Inconcinnity of Language in the First Decade of Livy. In: TAPA 69 (1938) 292-318.

Finken (1965) — Finken, Alois: Ein Beispiel für die packende Darstellungskunst des Livius (XXII 50-54,6). In: AU 8 (1/1965) 50-60.

Kowalewski (2002) — Kowalewski, Barbara: Frauengestalten im Geschichtswerk des T. Livius, München/Leipzig 2002.

McClain (1994) — McClain, T.D.: Gender, Genre and Power: The depiction of women in Livy's *ab urbe condita*, India-na University 1994.

McDonald (1957) — McDonald, A.H.: The Style of Livy. In: JRS 47 (1957) 155-172.

Trümpner (1965) — Trümpner, Hubert: Die Ereignisse nach der Schlacht bei Cannae (Liv. XXII 50,4-61,15). Zur Kompositionskunst des Livius. In: AU 8 (1/1965) 17-49.